Dieses Buch gehört

....

Copyright © BPA Publishing Ltd 2020

Autor: Pip Reid
Illustrator: Thomas Barnett
Kreativdirektor: Curtis Reid

www.biblepathwayadventures.com

Vielen Dank für die Unterstützung von den Bible Pathway Adventures®. Unsere Abenteuer-Reihe hilft Erwachsenen dabei, Kindern Inhalte der Bibel auf kreative Art und Weise beizubringen. Konzipiert für die ganze Familie, ist das Ziel der Bibel Pfad Abenteuer, die christliche Nachfolge weltweit zurück in das Zuhause von Familien zu bringen.
Die Suche nach der Wahrheit macht mehr Spaß, als in Traditionen zu verharren!

Die moralischen Rechte des Autors und Illustrators wurden geltend gemacht, dieses Buch ist urheberrechtlich geschützt.

ISBN: 978-1-989961-33-9

Der Exodus

Der Weg in die Freiheit

„Dein Weg war durch das Meer, dein Pfad durch die großen Wasser;
doch deine Fußspuren waren ungesehen." (Psalm 77:19)

Das hebräische Volk war viele Jahre lang in Ägypten versklavt, bis Gott einen Mann namens Mose benutzte, um es vom Pharao, dem König von Ägypten, zu befreien.

Mose führte die Hebräer aus Ägypten heraus und durch die rauen Täler der Wüste dem roten Meer entgegen. Die Wüstensonne war glühend heiß, aber Gott hatte alles durchdacht.

Tagsüber ging Gott in einer Wolkensäule voran, welche die Hebräer kühl hielt. In der Nacht, als die Wüste kalt und dunkel wurde, sandte er eine Feuersäule, die den Himmel wie ein Feuerwerk erleuchtete und die Hebräer warmhielt. Die Wolken- und Feuersäule zeigte den Hebräerinnen und Hebräern den Weg, auf den Gott sie gehen lassen wollte.

Der Pharao regte sich auf und kochte vor Wut. Er war verärgert darüber, dass die Hebräer weg waren! Er versammelte alle seine Pferde, Streitwagen und Soldaten und jagte durch die Wüste, um die Hebräer einzufangen.

Wusstest du schon?

Viele Menschen glauben das es verschiedene Bezeichnungen für Gott gibt. Diese sind Jah, Jahweh, Yahuah, und viele mehr.

Als die Hebräer das Rote Meer erreichten, sagte Gott zu Mose: „Sage dem Volk, sie sollen hier lagern. Ich habe das Herz des Pharaos verhärtet, deshalb wird seine Armee euch verfolgen. Aber ich werde mich um seine Soldaten kümmern."

Bald erschien die ägyptische Armee in der Ferne. Die Hebräer wurden beunruhigt. Sie sagten zu Mose: „Warum hast du uns zum Sterben in die Wüste gebracht?" Gefangen zwischen dem Wasser des Roten Meeres und der ägyptischen Armee, stöhnten sie: „Haben wir dir nicht gesagt, uns in Ägypten bleiben zu lassen? Wir waren als Sklaven besser dran!"

„Habt nicht solche Angst", sagte Mose. „Gott wird uns vor dem Pharao beschützen, also beruhigt euch und seid still." Während Mose sprach, erschien eine Wolke zwischen der ägyptischen Armee und den festsitzenden Hebräern. Es wurde so dunkel wie die Nacht für die Ägypter, aber so hell wie der Tag für die Hebräer. Der Pharao und seine Soldaten konnten überhaupt nichts mehr sehen!

Gott gab Mose weitere Anweisungen. „Strecke den Stab aus, und das Meer wird sich in zwei Hälften teilen. Sage den Leuten, dass sie auf dem Pfad gehen sollen, den ich ihnen zwischen den Wassern bereiten werde. Sie werden die andere Seite sicher erreichen, aber die Ägypter nicht."

Mose hörte auf Gott und hob den Stab über das Meer empor. In dieser Nacht wehte ein starker Wind, bis sich das Meer teilte. Zwei riesige Wasserwände erstreckten sich soweit das Auge reichte. Die Hebräer starrten die vor ihnen liegenden Wasserwände an. Sie waren höher als die größte Pyramide! Sie konnten ihren Augen kaum trauen. Gott hatte einen Pfad aus festem Boden durch das Meer geschaffen.

„Nehmt eure Tiere und folgt dem Weg", sagte Mose zu den verängstigten Hebräern. Die Hebräer verschwendeten keine Zeit. Sie trieben ihre Tiere zusammen und eilten über den Strand auf den Pfad zu.

Wusstest du schon?

Auf dem Grund des Golfs von Aqaba wurden antike ägyptische Streitwagenräder und andere Artefakte gefunden. Diese Indizien weisen auf die biblische Erzählung der Durchquerung des Roten Meeres hin.

Die Wasserwände türmten sich wie Berge über den Hebräern auf. Der Wind blies und das Meer brauste. Ihre Herzen klopften vor Angst, als sie so schnell, wie sie nur konnten den Pfad durch das Wasser entlangeilten.

Als der Pharao sah was passierte, schickte er seine Soldaten, um die Hebräer zu verfolgen. Doch Gott hatte ein achtsames Auge auf alles und versetzte die Armee des Pharaos in Panik. Die Pferde scheuten, die Soldaten blieben im Sand stecken und die Räder ihrer Kutschen brachen im Schlamm ab. Es sah nicht gut aus für die Ägypter!

„Ihr Gott kämpft für die Hebräer", riefen die Ägypter einander zu. „Lasst uns von hier verschwinden!" Aber es war zu spät. Als Mose und die Hebräer schließlich die andere Seite erreichten, sagte Gott: „Mose, strecke deine Hand über das Meer aus, und das Wasser wird die Ägypter bedecken."

Mose tat, was Gott ihm gesagt hatte, und die riesigen Wände aus Wasser stürzten über die ägyptischen Soldaten und ihre Streitwagen ein. Die Armee des Pharaos wurde komplett zerstört.

In der Wildnis schuf Gott Regeln, die alle befolgen sollten. „Wenn ihr meine Anweisungen befolgt, werdet ihr nicht die gleichen Schwierigkeiten haben wie die Ägypter", sagte er den Hebräern.

Die Hebräer hörten aufmerksam zu, beschwerten sich jedoch weiterhin bei Mose. „Wir hatten ein besseres Leben in Ägypten. Du hast uns in diese staubige Wüste gebracht, um uns verhungern zu lassen. Was sollen wir essen?"

Woche, Essen senden werde. An diesem Tag sollen sie ruhen. Dies wird der Sabbat genannt werden. Ich will sehen, ob sie sich an meine Anweisungen halten."

Von da an, als das hebräische Volk jeden Morgen seine Zelte öffnete, lagen kleine Flocken von Brot so dick wie Schneeflocken auf dem Boden verstreut. Es hieß „Manna" und schmeckte nach Honig. Und jeden Abend vor dem Abendbrot sandte Gott Vogelschwärme zum Essen für die Hebräer ins Zeltlager. Die Vögel hießen Wachteln und schmeckten so gut wie Hühnchen.

Mose führte die Hebräer durch die Wüste zu einem Ort namens Rephidim und schlug dort das Lager auf. Es dauerte nicht lange, bis das Volk wieder zu murren begann. „Mose, wir haben nichts zu trinken." Mose seufzte und starrte in den Himmel. „Gott, dieses Volk ist bereit, mich zu steinigen. Was kann ich tun?"

„Schlage mit dem Stab auf einen Felsen", sagte Gott. „Wasser für jedermann zu trinken wird herauskommen." Mose gehorchte Gott, und frisches Wasser sprudelte aus dem Felsen.

Aber die Probleme der Hebräer waren nicht vorbei. Bald erschienen die blutrünstigen Amalekiter am Horizont. Sie hatten von den schrecklichen Plagen Ägyptens und dem Tod der Armee des Pharaos gehört. Als sie die Hebräer sahen, sagten sie: „Es ist Zeit, Ägypten zu erobern! Sie schärften ihre Messer, bereit für den Kampf."

Josua wählte die stärksten Männer aus, die er finden konnte, und führte sie in die Schlacht. Solange Mose die Arme hochhielt, gewannen die Hebräer; doch sobald er die Arme senkte, fingen die Amalekiter an zu gewinnen. Als Moses Arme müde wurden, standen Aaron und Hur neben ihm und hielten seine Arme über seinem Kopf.
Mit Gott auf ihrer Seite kämpften die Hebräer gegen ihre Feinde und siegten, und die Amalekiter verschwanden in der Wüste.

Mose war erpicht darauf, die Reise durch die Wüste fortzusetzen. Er war zurück in einem vertrauten Land - schließlich hatte er in der Wildnis gelebt, bevor er sie verließ, um Gottes Volk zu retten. Die Hebräer hörten Mose zu, packten ihre Zelte zusammen und marschierten auf einen Berg namens Sinai zu.

Stell dir vor, dass jeder in deiner Familie vierzig Jahre zelten geht. Würdet ihr alle die ganze Zeit miteinander auskommen? Das ging den Hebräern genauso. Mose versuchte, die Probleme aller zu lösen. Aber es waren so viele, dass seine Ohren nur vom Zuhören von allen müde wurden. Zum Glück hatte Jethro, Moses Schwiegervater, eine Idee.

Mose, du wirst dich überanstrengen, wenn du dir die Probleme aller anhörst. Deine Aufgabe ist es, das Volk zu führen. Überlasse die alltäglichen Angelegenheiten anderen Männern. Obwohl Mose der Anführer war, hörte er auf das, was Jethro ihm sagte. Er wählte weise Männer aus und übertrug ihnen die Verantwortung für das Volk.

Wusstest du schon?

Ein Schofar ist eine besondere zeremonielle Trompete, die aus dem Horn eines Schafbocks angefertigt wird. Er wird zur Ankündigung besonderer Ereignisse im Kalender des Herrn genutzt.

Im dritten Monat, nachdem die Hebräer Ägypten verlassen hatten, erreichten sie den Berg Sinai. Gott sprach zu Mose: „Sag allen, sie sollen ihre Kleider waschen und sich fertig machen. In drei Tagen werde ich auf den Berg hinunterkommen."

Am Morgen des dritten Tages zog eine dicke dunkle Wolke über den Gipfel des Berges von Sinai auf. Donner und Blitze zuckten und grollten über den Himmel. Der Klang von einem himmlischen Schofar hallte über die Wüste.

Mose führte die Hebräer aus dem Lager, um Gott zu begegnen. Mit ihren Knien so weich wie Pudding, starrten sie hinauf zum Rauch, der vom Berg aufstieg. „Was geschieht mit uns?", riefen sie. Sie fürchteten sich sehr vor der Gegenwart Gottes.

Der Klang der Schofar wuchs lauter und lauter. Eine mächtige Stimme dröhnte über die Wüste. „Ich bin der Herr, euer Gott, der euch aus Ägypten herausgebracht und aus der Sklaverei befreit hat." Die Hebräer fielen auf ihre Gesichter, ihre Herzen klopften vor Angst. Gottes Anweisungen an sein Volk Israel standen kurz davor, offenbart zu werden.

Mit einem Blitz und einem Donnergrollen sprach Gott diese Worte zu seinem Volk.

1. „Du sollst keine anderen Götter neben mir haben."

2. „Du sollst keine Statuen oder Bilder machen, um mich anzubeten."

3. „Du sollst meinen Namen nicht missbrauchen."

4. „Du sollst den Sabbat einhalten und für mich bestimmen."

5. „Du sollst deine Mutter und deinen Vater ehren."

6. „Du sollst nicht töten."

7. „Du sollst nicht ehebrechen."

8. „Du sollst nicht stehlen."

9. „Du sollst nicht über andere lügen."

10. „Du sollst nicht den Besitz anderer begehren."

Von Angst erfüllt, hielten sich die Israeliten die Ohren zu. „Erzähle uns von nun an, was Gott sagt", sagten sie zu Mose. „Wenn Gott wieder zu uns spricht, werden wir sterben." „Habt keine Angst", sagte Mose. „Gott ist gekommen, um Euch auf die Probe zu stellen und sicherzugehen, dass ihr ihm gehorcht und keine Sünden begeht."

Während die Israeliten auf den rauchenden Berg starrten, gab Gott Mose weiterhin seine Anweisungen. Dann baute Mose einen Altar und stellte zwölf große Steine auf, einen für jeden Stamm von Israel. Das Volk sammelte bestimmte Tiere und verbrannte sie auf dem Altar, um Gott zu zeigen, dass sie seine Anweisungen befolgen würden.

Mose ging den Berg hinauf und hinein in die Rauchwolke. Vierzig Tage lang lehrte Gott ihn alles über sein Bündnis, damit Mose den Israeliten seine Wege lehren konnte.

Mose hörte aufmerksam allem zu, was Gott sagte, und schrieb Gottes Worte auf zwei Steintafeln, um sie dem Volk zu zeigen.

Unten im Lager wurden die Israeliten ruhelos. „Wir haben Mose seit Wochen nicht mehr gesehen. Nach allem, was wir wissen, könnte er tot sein." Sie ließen sich einen dummen Plan einfallen. „Lasst uns Gott nach unserem Ebenbild schaffen", sagten sie zu Aaron. Ohne die Unterstützung seines Bruders Mose war Aaron nicht sicher, was er tun sollte. Er wollte das Volk zufriedenstellen. Er blickte nervös auf den Berg und sagte: „Bringt mir all euren Goldschmuck."

Aaron schmolz den Goldschmuck ein und brachte ihn in die Form eines Kalbs. Dann baute er einen weiteren Steinaltar, und nachdem das Volk ein Friedensopfer dargebracht hatte, feierten sie den ganzen Tag und die ganze Nacht lang.

Gott beobachtete, was unten im Lager geschah. Er sagte: „Mose, das Volk betet ein goldenes Kalb an. Vielleicht sollte ich sie auslöschen und mit dir neu anfangen". Moses flehte Gott an, die Israeliten nicht zu töten. „Vernichte dein Volk nicht. Erinnere dich an dein Versprechen, aus ihnen eine große Nation zu machen." Gott hörte Moses Flehen und war erfreut. Er hatte zugelassen, dass das schlechte Verhalten der Israeliten Moses Herz auf die Probe stellte. Er wandte seine Gedanken davon ab, das Volk zu verurteilen.

Doch Mose war mit dem Verhalten der Israeliten noch immer nicht zufrieden. Er klemmte sich die Steintafeln unter seine Arme und rannte den Berg hinunter zurück zum Lager. Als er sah, dass das Volk einen falschen Gott anbetete, warf er die Steintafeln auf den Boden, so dass sie in winzige Stücke zerbrachen.

„Warum habt ihr dieses goldene Kalb gemacht?", fragte er Aaron. Aaron senkte beschämt den Kopf. „Du weißt, wie die Leute sind. Sie wurden ängstlich, also nahm ich ihr Gold und warf es ins Feuer, und heraus kam dieses Kalb…" Mose befahl, das Kalb einzuschmelzen und zu Pulver zu mahlen. Dann, während er das Pulver in das Wasser schüttete, befahl er, dass jedermann es trank, um sie für das, was sie getan hatten, zu bestrafen.

Mose flehte Gott an, das Volk zu verschonen. Aber Gott bestrafte sie dennoch dafür, dass sie das Kalb gemacht hatten. Er sandte eine Plage, um die Israeliten daran zu erinnern, dass er zornig war. Dann schrieb Gott seine Worte mit seinem eigenen Finger auf ein neues Paar von Steintafeln.

Während die Israeliten in der Wildnis waren, trug Gott Mose auf, ein besonderes Zelt namens Tabernakel zu errichten, in dem das Volk ihn anbeten konnte. Niemand hatte zuvor ein solches Zelt gebaut, also sagte Gott ihnen, was sie tun sollten.

Die Israeliten hörten aufmerksam zu und bauten Möbelstücke für das Zelt. Das allerwichtigste Stück, das sie anfertigten, war eine mit Gold überzogene Holzkiste, in der sich Gottes Worte befanden und welches Gottes Bund mit Seinem Volk darstellte. Der Kasten war bekannt als die Bundeslade.

Gott übertrug Aaron die Verantwortung für den Tabernakel und ernannte ihn zum Hohepriester. Als Teil seiner besonderen Berufung, trugen Aaron und seine Söhne andere Kleidung und halfen dem Volk bei der Anbetung Gottes.

Als die Israeliten mit dem Bau des Sonderzeltes fertig waren, zog eine große Wolke über das Gebiet herab, und der Tabernakel war von Gottes Gegenwart erfüllt. Von diesem Zeitpunkt an, wann immer sich die Wolke bewegte, wussten die Israeliten, dass es Zeit war, ihre Zelte zu packen und ihre Reise fortzusetzen.

Gott wusste, dass sein Volk gelernt hatte, falsche Götter anzubeten, während sie Sklaven in Ägypten waren. „Lebt nicht, wie die Ägypter leben", sagte er ihnen. „Sie gehorchen mir nicht und beten falsche Götter an, und das ist nicht gut. Lehre das Volk, meine Feste zu feiern. Dies sind meine besonderen Versammlungszeiten und Generalproben für mein Volk."

Mose erklärte den Israeliten Gottes Feste. Er erzählte ihnen vom Passahfest und den Festen des ungesäuerten Brotes, der Erstlingsfrüchte und von Pfingsten. Dann erklärte er ihnen das Posaunenfest, den Versöhnungstag, das Laubhüttenfest und das Schlussfest.

„Dies sind Gottes besondere Zeiten und Daten", sagte Mose. „Sie lehren uns Gottes Versprechen und Pläne. Er möchte, dass wir sie ehren und uns für immer an sie erinnern." Die Menschen begannen Gottes Wege, anstatt der Wege Ägyptens, zu lernen, und Gott war zufrieden.

Die Israeliten setzten ihre Reise durch die Wildnis fort. Als sie sich dem Land Kanaan näherten, sagte Gott zu Mose: „Schicke zwölf Männer aus, um dieses Land, das ich dir versprochen habe, zu erkunden."

Mose wählte einen Kundschafter aus jedem der zwölf Stämme Israels, darunter auch zwei Männer, die Kaleb und Josua hießen. „Ich will wissen, wie Kanaan aussieht", sagte Mose zu den Männern. „Ist das Volk stark? In was für Städten leben sie? Wenn ihr es wagt, nehmt etwas Obst von ihren Weinbergen. Dann kommt zurück und erzählt mir alles!"

Vierzig Tage lang erforschten die Kundschafter das mächtige Land Kanaan. Aber sie erwartete eine große Überraschung. Es gab furchterregende Riesen, die so groß wie Zedernbäume waren. Die Männer hatten noch nie so riesige Leute gesehen! Zitternd vor Angst, rannten sie so schnell zum Lager zurück, wie ihre wackeligen Beine sie tragen konnten.

Zurück im Lager hielten die Kundschafter Mose einen Haufen von riesigen Trauben vor die Nase. „Das Land fließt wirklich mit Milch und Honig. Aber die Männer sind furchtbar. Wir haben sogar die blutrünstigen Amalekiter gesehen! Es gibt keine Möglichkeit, dort zu leben."

Kaleb und Josua, die viel mutiger als die anderen Männer waren, ergriffen das Wort. „Wovon redet ihr da? Das Land ist wunderbar. Lasst uns gehen und es jetzt erobern!"

„Wir können diese Menschen nicht angreifen", sagten die verängstigten Männer. „Hast Du die Riesen gesehen? Sie sind viel größer und stärker als wir. Im Vergleich zu ihnen sehen wir wie Grashüpfer aus. Seid ihr verrückt?"

Kaleb und Josua hatten großes Vertrauen in Gott und flehten die Israeliten an. „Wir haben nichts zu befürchten. Gott ist auf unserer Seite. Er wird uns das Land geben, das er uns versprochen hat."

Die Israeliten hatten nicht gelernt, Gott zu vertrauen, und sie weigerten sich, Josua und Kaleb zu glauben. Sie meckerten und stöhnten, und jammerten die ganze Nacht. „Wir wünschten, wir wären in der Einöde gestorben. Warum bringt Gott uns in dieses Land, um uns zu töten? Lasst uns einen anderen Führer wählen und nach Ägypten zurückkehren."

Gott war über ihren Mangel an Glauben verärgert. „Wie lange werde ich es noch ertragen müssen, dass diese Leute über Mich murren? Sie hören nie auf. Wenn sie so denken, wird keiner von ihnen dieses Land sehen!"

Um sie für ihren Mangel an Glauben zu bestrafen, ließ Gott die Israeliten in der Wildnis leben, bis alle Erwachsenen starben. Nur ihre Kinder konnten das neue Land betreten.

Wusstest du schon?

Als Mose und die Israeliten Ägypten verließen, nahmen sie Josefs Gebeine mit sich. (2 Mose 13:19)

Mose muss Gott vertraut haben, denn es war nicht leicht, die Israeliten vierzig Jahre lang durch die Wildnis zu führen. Er wurde von ihrem Mangel an Glauben müde. Sie kämpften und rebellierten viele Male gegen Gott. Und sie beschwerten sich weiterhin. „Wir haben kein Wasser zu trinken."

Mose hatte genug gehört. Er sprang auf die Füße und griff nach dem Stab. „Hört her, ihr Rebellen! Sollen Gott und ich euch Wasser von diesem Felsen bringen?" Er schlug mit dem Stab auf den Felsen und Wasser sprudelte heraus.

Gott war mit Moses Benehmen nicht zufrieden. „Mose, hast du Wasser aus dem Felsen hervorgebracht? Weil du meine Herrlichkeit gestohlen hast, wirst du nicht in das Land gehen, das ich meinem Volk gegeben habe."

Mose schlug die Hände über dem Kopf zusammen. „Was habe ich getan?", rief er. Er hatte die Menschen vierzig Jahre lang durch die Wildnis geführt, und jetzt durfte er nicht das Gelobte Land betreten. Er flehte Gott an und sagte: „Bitte, lasst mich über den Jordan gehen, damit ich das Land sehen kann." Aber Gott änderte seine Meinung nicht mehr.

Als Moses schließlich 120 Jahre alt war, sagte Gott ihm, dass es für Josua an der Zeit sei, die Verantwortung für die Israeliten zu übernehmen. Mose versammelte alle und erinnerte sie an Gottes Anweisungen, in dem er sagte: „Ihr habt alles gesehen, was Gott für euch getan hat. Folgt seinen Anweisungen, und das Leben wird besser sein."

Moses verließ die Hoch-Ebene von Moab und stieg auf den Gipfel des Berges Nebo. Auf der Spitze des Berges zeigte Gott Mose das ganze Land, das Er seinem Volk, den heutigen zwölf Stämmen Israels, versprochen hatte. „Ich habe geschworen, dieses Land Abraham, Isaak und Jakob zu geben. Ich verspreche, dass ich es deinen Nachkommen geben werde."

Auch wenn Mose das Gelobte Land nicht betrat, war Gott mit ihm zufrieden. Er liebte seinen demütigen Diener. Als Mose starb, begrub Gott selbst Mose im Land Moab. Seitdem hat niemand mehr die gewaltige Macht gezeigt oder die großartigen Taten vollbracht, die Mose vor den Augen ganz Israels bewerkstelligt hatte. Es war nun die Zeit für Josua und die Israeliten, das Gelobte Land einzunehmen!

ENDE

Teste Dein Wissen!
(Vergleiche die Antworten mit den Fragen am Seitenende)

FRAGEN

Wer führte die Israeliten aus Ägypten heraus? ....

Wer hat die Israeliten durch die Wildnis geführt? ....

Welche Armee verfolgte die Israeliten? ....

Wie befahl Mose dem Meer sich zu teilen, damit die Israeliten auf die andere Seite gelangen konnten? ....

Welches Meer haben die Israeliten durchquert, um den Ägyptern zu entkommen? ....

Wie hat Gott die Ägypter davon abgehalten, die Israeliten über das Meer zu verfolgen? ....

Was geschah mit der ägyptischen Armee? ....

Was taten die Israeliten, als sie die andere Seite des Meeres erreichten? ....

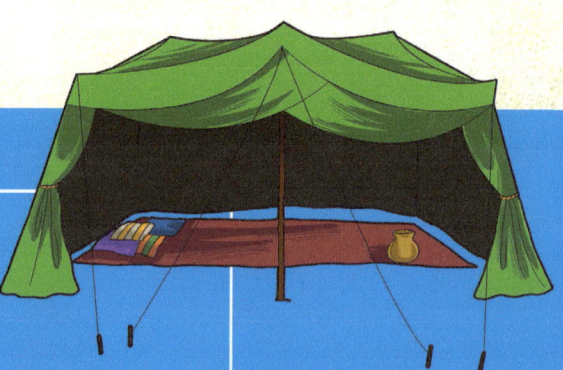

ANTWORTEN

1. Mose
2. Der Engel Gottes in einer Säule aus Wolken oder Feuer
3. Die ägyptische Armee
4. Er hob seinen Stab hoch und streckte seine Hand über das Meer hinaus
5. Das Rote Meer
6. Er ließ die Räder ihrer Streitwagen brechen
7. Sie sind im Meer ertrunken
8. Sang ein Lied für Jahwe

Löse das Wortsuchrätsel

MOSE KALB
HEBRÄER ARCHE
PHARAO SINAI
TABERNAKEL JOSUA
ÄGYPTEN WACHTELN

```
T U S K G U V K K G
E A O I A M L P X Ä
B W B H N L W H G G
G S X E C A B A P Y
N P A G R Z I R Q P
T R V R N N L A M T
X J O S U A A O O E
H E B R Ä E R K S N
W A C H T E L N E Z
O A R C H E N U B L
```

Bible Pathway Adventures®

Der Kampf mit dem Riesen

Die Geburt des Königs

Die Sintflut

Schiffbrüchig!

Der Verrat des Königs

Der auferstandene König

Verkauft in die Sklaverei

Gerettet von einem Esel

Die Hexe von Endor

Die auserwählte Braut

Simson, der mächtige Krieger

Solomon der Tempelbauer

Verschluckt von einem Fisch

Entdecke mehr Bibel Geschichten von Bible Pathway Adventures!

Lesen Sie die Aktivitätsbücher von Bible Pathway Adventures

GEHEN SIE ZU

www.biblepathwayadventures.com

www.ingramcontent.com/pod-product-compliance
Lightning Source LLC
Chambersburg PA
CBHW040318100526
44583CB00004BB/139